소주처럼
맑고 독하게
살고 싶었다

초판 1쇄 인쇄 2021년 5월 1일
초판 1쇄 발행 2021년 5월 7일

지은이 경국현

펴낸이 김찬희
펴낸곳 끌리는책

출판등록 신고번호 제25100-2011-000073호
주소 서울시 구로구 연동로1길9, 202호
전화 영업부 (02) 335-6936 편집부 (02) 2060-5821
팩스 (02) 335-0550

이메일 happybookpub@gmail.com
페이스북 happybookpub
블로그 blog.naver.com/happybookpub
포스트 post.naver.com/happybookpub
스토어 smartstore.naver.com/happybookpub

ISBN 979-11-87059-68-4 03190
값 12,000원

소주처럼 맑고 독하게 살고 싶었다

경국현 지음

사랑만 해도 인생은 짧다

어머니의 아들로 태어나, 한 여자의 남편으로 살아가고, 아이들의 아버지로 죽어간다. 무엇을 취하고, 무엇을 버릴 것인가. 살아가면서 세 가지 중에서 하나를 선택할 때, 내가 아닌 또 다른 나는 갈등했다.

분노와 용서, 증오와 사랑, 고집과 이해, 그리고 성공과 실패, 뒤죽박죽이다. 하루하루 길었는데, 뒤돌아보니 찰나였다. 머리 하얗고, 주름 깊어지고서야 세상 보는 눈이 생겼다.

세상은 어울려 사는 곳이지만, 늘 쉴 곳을 찾아 방황하는 나그네였다. 도심 속에서 숨만 겨우 쉬고 살았다. 성공하는 순간 눈앞의 행복은 놓쳤다. 코미디 인생이다. 누구 탓도 아니다. 그저 주어진 대로 열심히 살았을 뿐이다. 혼자라서 외로운 것이 아니다. 같이 사는데 외로운 것이다. 육체가 아니라 영혼이 외로운 것이다. 옳고 그름이 아니라 선택의 문제였다. 딱 한번이라 시행착오가 많았다. 인생을 두 번 살아본다면 어떻게 잘해볼 수도 있을 것 같다.

언젠가 시를 쓰는 친구가 술자리에서 한 말이 기억난다. 취기가 한창 올랐을 때 "소주처럼 맑고 독하게 살고 싶었어"라고 했다. 그 말이 늘 마음에 남아 있었나보다. 그래서 친구의 말을 이 책의 제목으로 삼았다. 그 친구와 만나 술 한 잔 기울이고 싶다.

이 글은 하루하루 살아온 생활 일기다. 쓰러져서 울고, 일어나서 웃고, 노래하다 절규하는 사생활이다. 수많은 인연으로 살아온 흔적이다. 아들, 남편, 아버지 이전에 남자로 살 수밖에 없는 삶의 기억들이다. 기억은 주관적일 수밖에 없다. 진실이 왜곡된 이야기도 있을 것이다. 내 눈에 보이는 세상이었다.

어느 날, 백혈병이 찾아왔다. 얼굴도 모르는 나의 아버지가 생각났다. 그리움이 눈물로 쏟아졌다. 딸과 아들 얼굴이 눈앞에 아른거린다. 생(生)과 사(死)는 다른 것이 아니라는 것을 온몸으로 알았다. 화가 치밀어 오르지만, 방법이 없다. 예상하지 않았던 삶에 대해 도전해야만 한다. 누가 대신 할 수 있는 것이 아니다. 깊이깊이 쓰러져가는 육체는 일으켜 세우면 된다. 처음으로 내 아버지의 마음을 가져본다.

더 많이 이해하고, 더 많이 용서하고, 더 많이 사랑했어야 했다. 그러지 못해 미안하다. 삶은 별거 아니었다. 늘 나의 선택이 문제였다. 행복하게 살고자 했었다. 사랑하면서 살기에도 인생은 너무나 짧은 시간이다. 그런

데도 사랑을 버린다. 아니 사랑을 기다리고 있었는지도 모른다. 사랑받고, 사랑하고 그렇게 살아야 한다.

내 삶 속에서 인연을 맺은 모두에게 나의 사랑을 전한다.

남은 인생 재미있게 살다 굿바이!(Good-Bye!) 하고 가자.

2021년 봄

경국현

프롤로그_ 사랑만 해도 인생은 짧다 4

1
아들이라는 이름으로

인생무상 14 / 놀자 15 / 실패 16

성공 17 / 지식 18 / 언행 19 / 모자(母子) 20

정서진 21 / 스물 22 / 공부 23

고목나무 24 / 세월 25 / 가난한 친구 26

도전 27 / 자존 28 / 산행 29

자식 30 / 여름밤 31 / 추억 만들기 32

산소 33 / 술 34 / 사업 35

악연 36 / 실수 37 / 딸에게 38

부부싸움 39 / 아들에게 40

나쁜 사람 41 / 오리무중 42

처음 43 / 퇴근길 44 / 승부 45

남자의 인생 46 / 부부 47

선술집에서 48 / 술 취한 세상 50

휴(休) 51 / 이심전심 52 / 후회 53

고교친구 54 / 일 55 / 선택 56

뒷담화 57 / 땅속 인생 58

기억상실 59 / 혼술 60 / 순댓국 61

부부인연 62 / 병신 63 / 결혼생활 64

친구 65 / 미련 66 / 외로운 사람은 67

부정(父情) 68 / 저녁 69 / 추억 여행 70

돈 욕심 72 / 어머니 73

남자라는 이름으로

친구와 술자리 76 / 남탓 77 / 술 유혹 78

하루 79 / 어른 80 / 눈치 81 / 갈등 82

미안함 83 / 내 인생 살자 84 /

오십 년 85 / 밤 마실 86 / 세월 87

피로 88 / 게으름 89 / 훈수 90

일과 남자 91 / 부모와 자식 92

공짜 93 / 마음 비우기 94 / 거짓말 95

술 취한 아침 96 / 집 97 / 잘난 척 98

남자 여자 99 / 외로운 남자 100

아버지 101 / 가면 102 / 부부인연 103

인생극장 104 / 휴가 105 / 다툼 106

어묵 107 / 사업 108 / 남자의 지갑 109

남자 팔자 110 / 부부 111 / 돈 꿔줘 112

거짓 사랑 113 / 짓거리 114 / 배신 115

아버지라는 이름으로

아버지 제삿날 118 / 질투 120 / 욕심 121

아침밥 122 / 식구 123 / 대화 124

일요일 아침 125 / 아는 척 126

암 검사 127 / 무시 128 / 포기 129

자취 130 / 남 의식 NO 131 / 도전 132

눈칫밥 133 / 인생 134 / 선택 135

돈 136 / 4호선 137 / 외식 138

열심히 살자 139 / 불통(不通) 140

사기꾼 141 / 새벽잠 142 / 미련 143

벌초 144 / 잠 145 / 별거 146

독설 147 / 행복 148 / 유혹 149

일요일 오후 150 / 식도락(食道樂) 151

성공 152 / 길 153 / 조언 154 / 아들에게 155

어머니 156 / 슬픈 가장(家長) 157

소낙비 158 / 부부싸움 159

사랑 160 / 영화 속 인생 161 / 돈 162

잊어버린 사랑 163 / 어릴 적 상처 164

사랑을 아나 165 / 사랑 166 / 자랑질 167

가짜 168 / 웃자 169 / 이혼 170

죽음 171 / 백세시대 172

사랑받고 싶은 173

1

아들이라는 이름으로

인생무상

아직
아닌데

죽을 수 있단다.

어제까지
참고 또 참고

오늘,
움켜쥐었는데

모래밭에 물이
손가락으로 빠져나간다.

눈물이 난다.

백혈병이란다. 아닌 밤중에 홍두깨는 이럴 때 쓰는 말인
듯싶다. 이제 겨우 성공이란 단어를 잡았나 싶었는데, 왜
살았나 싶다.
이럴려고 그렇게 힘들게 살았나 보다.

놀자

딱
한 번 산다.

두 번
안 산다.

죽음이 눈앞이라면 허무

일만 하는 인생
이제 좀 놀자.

닭 쫓던 개 된다.

놀다 죽자!

백혈병 그리고 제주도 요양생활, 열심히 살았는데 아프고 보니 아쉬움만 남는다.
제주도에 눌러 살아볼까 싶다. 놀자고 작정해도 놀 줄 모르니 문제다. 뭐하고 놀지?

실패

더 이상
추락할 곳 없는데

또 내려간다.

이렇게
살아야 하나 싶다.

도와달라고 하지 않았다.

그 누구도
숨어버린다.

철저하게 혼자다.

사업에 실패하고 방황한다. 밑바닥이다 생각하면 더 밑
바닥으로 떨어지는 모습을 발견한다. 사랑했다고 믿었던
사람들이 먼저 외면한다. 인생이 그런 것이다. 달면 삼키
고 쓰면 뱉는다.

성공

성공하고 싶다.

돈에
웃고 울고

아니다.

오늘
스케치

내일
색칠

모레
감상(鑑賞)

성공에 대한 갈구는 현재진행형이다. 돈의 많고 적음이 기
준이 되지 않는다. 성공은 인고(忍苦)의 시간에 비례한다.

지식

하나
둘
지식 쌓인다.

두렵다.

한 권
두 권
책 읽는다.

부끄럽다.

말 하나 무겁다.

이 길
당황스럽다.

지식을 쌓을수록 부족함을 깨닫는다. 이상과 현실에서
갈등한다. 책에서 익힌 배움이 내 것이 되기까지 시간이
걸린다. '몰랐으면 좋았을 걸' 하는 마음도 생긴다. 책임
감이다.

말 한마디
생각의 속삭임으로

행동 하나
말의 무거움으로

생각 한순간
행동의 멋짐으로

보통 사람이 아니다.

많은 사람이 말과 생각과 행동이 다르다. 생각을 행동으로 옮길 줄 아는 사람을 만난다면 그 사람이 얼마나 많은 인고(忍苦)의 과정을 거쳤는지를 인정해야 한다.

모자(母子)

어머니 칠순

옛 사진들

하나
둘

내 삶에 대한 끝없는 질문
가슴 미어진다.

남편 없이 살아온 어머니
아버지 없이 살아온 아들

애증으로
뒤엉킨 삶이다.

청상과부(靑孀寡婦)인 어머니의 인생을 아들로서 지켜보
는 일은 너무나 어려운 일이다.

정서진

자전거 탄다.
길이 멀다.

엉덩이 아프다
배고프다.

바다 보인다.
숨 한 번 크게 쉰다.

돌아가는 길
또다시 어두운 밤이다.

숨 쉬고 싶어
페달을 밟았다.

집에 있으면 마음이 갑갑해져서 나왔다. 육체적 피곤함
이 때로는 여유로움을 줄 때가 있다. 살다 보면 육체적
숨가쁨이 정신적 피곤함보다 버틸 만하다.

스물

딸아이 스물

부모든
형제든
누구 위해 살지 말고

자신의 삶
온전히 살았으면 좋겠다.

행복한 인생

그 길,
너의 길이기를….

딸아이가 공식적으로 어른인 스무 살이 되었다. 아버지로서 축하해주고 싶다. 자신을 아끼고 이웃을 돌아보는 인생을 살기 바라는 마음뿐이다.

공부

도전
단어 하나 붙들고

늦은 나이 공부한다.

새로운 삶이다.

두렵다.
한 발 걷는다.

가보고자 한다.

책만 보는 세상
이리 살고 싶다.

늦은 나이에 박사 과정을 왜 시작했는지 나 자신에게 되
묻는다. 20대에 미련이 남은 공부를 하고 싶었다. 나이는
장애가 되지 않는다. 다만 조금 늦었을 뿐이다. 성공으로
가는 길이라 판단해 선택했다.

고목나무

몇 년
살고 죽었는지
알 수 없는 거친 껍데기

오늘의 인연으로
푸른 빛 뿜어낸다.

알 수 없는
너의 오랜 호흡에
산자락 밟는다.

우리네 인생이 그렇다.

덕유산에서 고목(古木)을 보았다. 나도 언젠가는 고목이
된다. 하지만 버려지고 죽어가는 고목이 아니라 누군가
의 추억이 되는 고목이 되고 싶다.

세월

애들은 성장하고
나는 늙어가고

오고
가고

세월의 무서움

엊그제
내가 너였다.

아이들의 성장[靑]과 나의 늙음[老]이 동시에 일어난다.
종종 잠시 멈추고 세월 앞에서 나를 바라보고, 너희들과
마주하고 싶다.

가난한 친구

친구,
가난하게 살고 싶단다.

이상한 놈,
나와 다르다.

남의 인생 살지 말자.
내 인생 살자.

이상한 친구다.
소주 한 잔이 참으로 맑다.

난,
부자로 살고 싶다.

가난하게 살고 싶다는 친구는 소유에 대한 욕심에서 자유로워진 듯하다. 나는 무엇을 쥐고 싶은 것일까? 적어도 내 자식들에게는 가난을 경험하지 않게 하고 싶다. 이것도 욕심이라면 물욕일 것이다. 마음을 비우는 것이 참 어렵다.

도전

꿈을 꾼다.

두렵다.
설렌다.
무섭다.
재밌다.

오늘도 첫걸음 내딛는다.

새로운 길[事]은 설레지만 때로는 두렵고 무서워질 때가
있다. 하지만 그 순간의 설렘이 힘[動機]을 주리라 믿는
다. 나는 매일 새로운 도전을 하고 싶다.

자존

스스로
얻는 것이
멋지다.

가자.

남한테 빌어먹지 말자
내 손으로 먹고살자

인생을 살면서
가질 수 있는 것이
그리 많지 않다.

먼저
가는 놈이 얻는다.

남에게 기대며 사는 사람들이 많다. 스스로 하고자 노력하는 사람들은 드물다. 스스로 얻어내는 것이 진짜 내 것이다. 때로는 고단하지만, 그렇게 여기까지 살아왔다.

산행

길이 끝나는 곳에
또 길이 있다.

그렇게 만난다.

누군가
앞선 길

낙엽이
하늘에서 춤춘다.

간간이 보이는
덧없는 웃음이 발걸음 재촉한다.

누군가
뒤에서 올 길

새벽에 봉화산에 오른다. 산길을 걷는다. 아무도 걷지 않는 길을 가는 것은 외롭다. 산에 홀로 남았다. 남들이 간 길에서 헤매지 말고, 나만의 길에서 맘껏 헤매보는 것도 좋지 않을까?

자식

닭은 꼴
숨은 그림 찾는다.

하나 둘
커가는 새끼들
고맙고 고맙다.

자식들
가는 그 길에

아버지로
줄 것이 별로 없다.

미안하다.

안고 물고 빨고 할 때는 몰랐던 것을 느끼기 시작한다.
나와 닮았지만 나와는 다른 존재. 아버지의 역할이 무엇
인지도 모르고 지나온 시간들. 미안하고, 고맙고, 사랑
한다.

여름밤

덥다.

흘러내리는 땀방울
빗물이다.

벌거벗은 더위
잠을 멀리한다.

여름밤은

외롭다.
거칠다.

오늘 밤은

새벽이 길다.
호흡 뜨거워진다.

무더운 여름, 자다가 일어났다. 밤이 길다. 내일 해야 할
일이 많은데 갑자기 삶에 대한 두려움이 밤에 밀려온다.

추억 만들기

새벽
영혼이 풍요롭다.

성판악에서 관음사로

몽롱함
육체를 짓누른다.

발에 걸리고
눈에 펼쳐지고

가슴 저미는
추억 만들기다.

돌부리
산자락
삶에 각인되는 사진이다.

중3인 아들과의 한라산 등반, 나도 처음, 아들도 처음이다. 산에 오르는 것이 힘들어 깊은 이야기는 나누지 않지만 서로를 위로하고 있다.

산소

아버지,
목 놓아 잊어버린 말

생(生)과 사(死)의 만남
아버지와 아들이 만나고

생(生)과 생(生)의 만남
아들이 아들의 손을 잡고

순간의 미묘한 감정
이제 없다.

세월에 하루 보낸다.

아버지가 그립다. 기억 속에 없어서 그립고, 아버지란 단
어가 낯설어서 더 그립다. 겨우 하루를 기억하는 게 무슨
의미일까? 아들을 데리고 오니 더 낯설어질 뿐이다.

술

짜릿하다.

내가 술을
술이 나를

중독이다.

너도 한 잔
나도 한 잔

고통이다.

헤롱헤롱
비몽사몽

안녕이다.

먹을 만큼 먹었는데, 참 의지가 되는 친구가 술이다. 불
가근불가원(不可近不可遠), 술이나 사람이나 마찬가지.

사업

누구나
사업하고 싶어 하지만

잘 되는 놈 별로 없다.

한 걸음
한 걸음

또
한 걸음

시간은 하루다.

하루는 선택이다.

성공은
오늘 하루에 대한 보상이다.

지름길? 한방? 대박? 이런 단어에 기대지 말자. 비법[僞偉] 같은 건 없다. 벽돌 쌓듯이 하루하루 최선을 다하자.

악연

배려가
어리석음되어 온다.

살아가는 방식이다.

웃는 얼굴이 탐욕이다.

이놈
저놈
어울리지만
다 헛되다.

밥값 못하는 너
연 맺은 내 탓이다.

수첩에서 지웠다.

군이 만나지 않아도 되는 사람이 있다. 거리를 두는 것도
살아가는 지혜다. 그게 쉽지 않다. 성격인가 보다.

실수

망설인다.

하나
버려야 한다.

그리고
하나 잡는다.

알 수 없으니
실수가 밥이다.

산다.
체면 없다.

쪽 팔린다.

일과 가정, 남편과 아들, 아버지와 나, 남자는 다양한 이름으로 승부를 건다. 모든 것을 다 가질 수 없다면, 하나를 제대로 얻기 위해 다른 하나를 버려야 하는데, 그 일도 쉽지 않다.

딸에게

꿈꾼다.

오늘과 내일
너는 다르다.

땀 흘린다.

눈물의 땀
고통의 땀
인내의 땀

꿈이 눈앞에 있다.

태권도를 전공하는 딸아이, 체육관에서 20대 청춘을 보내고 있다. 안쓰럽기만 하다. 땀이 주는 보상을 잘 기억하고 앞으로 나아가길 바랄 뿐이다.

부부싸움

"아" 한다.
"어" 한다.

나는 너,
너는 나,

위선과 거짓
허공 속 떠다닌다.

서로 아닌
너와 나 대화한다.

그렇게
사는 것이 인생이다.

'알고 있다'는 것이 큰 어리석음이다. 결국 모름을 인정
하고서야 싸움이 멈춘다.

아들에게

세상에 공짜 없다

부러워하고
시샘하고
질투한다.

흘린 땀방울
아는 이 없다.

너를 바라보는 사람들을

즐기고
웃어라.

아무도 성공한 사람이 견딘 인고의 세월을 보지 않는다.
누군가 가진 것, 이룬 것을 부러워하기 전에 너도 최선의
노력을 먼저 해야 한다. 그리고 남들의 시선을 즐기고 웃
어라.

나쁜 사람

참
이상한 말이다.

이리 꼬고
저리 꼬고

긴 시간 함께하지만
뒤돌아서면 남는 게 없다.

말
오고가고
점점 더 헷갈린다.

나쁜 사람들이다.

대화를 취조처럼 하는 사람들이 있다. 좋은 일로 만나도
헤어지면 늘 찝찝함이 남는다. 다시 만나도 마찬가지다.
마음을 열지 않는 사람들은 나중에 뒤통수 친다.

오리무중

뭐 했나

뒤돌아보니
허망하다.

덧없음
손에 쥔 것 없다.

거짓과 위선
삶을 유혹했다.

욕심이 가득
재미 버렸다.

뭐, 했나
모르겠다.

돌아보면 후회투성이다. 이제 좀 알 만한 나이가 되었는
데도 여전히 모르겠다.

처음

너와 나
처음 살아본다.

이런 인생
저런 인생

처음이다.

너와 나
첫 경험이다.

처음이었고
처음이고
처음일 것이다.

어제
오늘
내일

인생은 실수의 연속이다. 처음 살아보는 건데 어떻게 잘
하나?

퇴근길

쌀쌀한 바람
가을비 온다.

퇴근길 어둠
가슴 아프다.

개똥철학
상실감 온다.

오늘도
소주잔 찾는다.

여자는 봄을 타고 남자는 가을을 탄다고 했던가. 인생의
봄, 여름도 잘 견뎌왔건만 오십의 남자에겐 아직 인생의
짐이 무겁기만 하다.

승부

남자는
성공하기 위해
미친 듯 산다.

하루하루
허우적거리며
미친놈 된다.

너의 가슴
비수 꽂고
피눈물 맛본다.

내가 이겼다.

누가 강요한 성공일까? 누구 때문에 매달린 사업인가? 선택은 내가 했는데 자꾸 원망이 솟구친다. 극도의 고단함을 위로받기 위해 때때로 상대에게 상처를 주곤 한다.

남자의 인생

부모에게 인정받고
아내에게 사랑받고
자식에게 존경받고

그러면
되는 것을

모르고 산다.
남자의 인생이다.

여자들은 완벽한 남자를 원하지만, 밑바닥에서 위로 올라가고자 하는 사람에게는 불가능에 가까운 일이다. 일을 포기할 남자는 별로 없다. 늘 하나를 버려야 한다.

부부

숨 막히는
인연이다.

살아보지 않아 모른다.

호연인지
악연인지

운명으로 만난
욕심의 연이다.

부부의 연은
살아봐야 안다.

삐걱삐걱 대면서도 아슬아슬 살아간다. 마주 앉아보면
너무 다르다. 살아보니 참 길고 힘든 인연도 있다.

선술집에서

몽롱하다.

돌아보면 순간
하루는 길다.

찬바람에 취해
따끈한 정종 젖어온다.

사는 거 별거 없는데
늘 별거다.

그리운 사람
보고픈 사람

문득 생각난다.

몽롱하다.

의지하고 싶지 않다.
외로움은 친구다.

술잔의 따뜻함이
내 손에 있다.

목젖 적시며
하루의 허무함 털어낸다.

늦은 퇴근길, 술 생각에 집 앞의 선술집에 들어갔다. 외
롭고 쓸쓸하고 허무한 기억들만 화산처럼 뿜어져 나온
다. 잔이 늘어갈수록 그 기억마저 덮어버리는 녀석이 바
로 술, 이 술이 외로움을 견디는 힘이다.

술 취한 세상

술
왜 이리 끊기 힘든지

아침
먹지 말자

저녁
유혹 빠진다.

술 취한 세상
아름답다.

졸리다.

술에 의지하지 않고 잠을 청해 보고자 하였다. 맨정신에
잠이 안 온다. 술 취해야 자는 인생인가 보다.

휴(休)

가끔 쉬자.
좋다.

억지로 꽤 맞춘 인생
피곤하다.

쉬어가자

빨리 가본들 별거 없다.

내 의도대로 안될 때가 더 많다. 예상치 못한 어려움이
온다. 이겨보고자 바둥바둥댄다. 그래서 쉴 줄도 모르고
쉬는 방법도 모른다. 그냥 버리면 되는 것이다.

이심전심

고맙고
미안하다.

눈물
보일 수 없지만

너를 만나
가슴이 울었다.

힘들게 살아왔다.

아버지로
남편으로
아들로

자기 인생 누가 헛되이 하나

자 한잔하시게
고생했다.

사업이 망한 친구가 찾아왔다. 애쓰며 수고하고 처절하
게 살아온 인생. 말하지 않아도 나는 친구를 알고, 친구
는 내 마음을 안다.

후회

살다 보면
그럴 때 있다.

뒤 보니 허망
앞 보니 당황

귀신 홀린 듯
살 때 있다.

허, 참
쓴웃음 나온다.

그것도
사람 사는 모습

이미 늦었다.

내가 살아온 인생인데 남처럼 느껴질 때가 있다. 땅바닥
에 발을 못 붙이고, 부유(浮遊)하고 있는 내가 보인다.

고교 친구

이런 모습
저런 모습

영화처럼
살아온 인생이다.

네 인생이 내 인생이다.

30년 만에 만났는데
어제 보고 오늘 본 듯하다.

술 탓이려니 하는데
우리가 친구라는 걸 깜빡했다.

고등학교를 졸업하고 30년 만에 모교에서 친구들을 만났다. 친구 기억 속의 나와 내 기억 속의 친구들은 같이 있었다가 따로 있었다가 했다. 각자 기억하고 싶은 것만 기억했나 보다. 긴 시간을 지나 마주 앉은 것만으로도 좋다.

일

일한다.

딱히
동기부여 없다.

어제의 피로
오늘 더할 뿐

딱히
재미없다.

오늘 일한다.

왜 하는지 모르겠다.

돈 버는 재미다.

일은 때로 습관처럼 한다. 내가 해야 하는 일이니까 한다. 종종 이유 없이 회의가 오는 건 이 때문일지도 모른다. 하고 싶은 일을 하면 안 그럴까? 돈 벌어야 한다.

선택

살아가는 일이
선택이다.

순간순간
할 수밖에 없다.

왼손 오른손
바꿀 수 없다.

앞으로 간다.

어떤 일도 쉽게 선택하지는 않았다. 지나고 나서 후회하는 선택도 있다. 그렇다고 시간을 되돌릴 수가 없다. 선택은 결국 내 책임이니 그냥 가야지.

뒷담화

너에 대한 험담
재밌다.

나쁠수록
더 맛나다.

일어날 땐
아무 기억 없다.

실없이 웃고 떠든다.

너도
나도
이야기 관심 없다.

넋두리 인생들이다.

술자리에서 누군가의 험담을 안줏거리로 올려놓으니 말들이 많다. 억울해서, 화나서, 부러워서, 시기심에 떠든다. 다음날 기억도 못한다. 보통 사람들의 술버릇이다.

땅속 인생

아침
땅속으로 들어가
숨 막히는 회사로

한낮 땅속에서
이리저리 헤매고

저녁
땅속에서 나와
피곤한 집으로

너와 나
개미처럼 살고 있다.

지하철이 생명선이다.

땅속을 헤매는 개미처럼 살긴 싫었는데, 살다 보니 나 역
시 개미처럼 허겁지겁 지하철 속에서 살고 있다. 때론 길
을 잃기도 한다. 사는 게 다 비슷한 건지 나만 그런 건지
헷갈리기도 한다.

기억상실

술술 넘어간다.
사람 아니다.

생각 벗는다.
입은 헛소리다.

푹 젖어
기억의 끈은 놓는다.

나는 개다.
스스로 자학한다.

어젯밤
기억이 없다.

술을 빌어 가면을 벗곤 한다. 보여주고 싶은 내가 아닌 내 속의 화까지 박박 긁어서 꺼내놓는다. 다시 가면을 쓰기 위해서는 다 잊어야 한다. 잊을 수 있으니 다시 술이 넘어간다.

혼술

술
오늘도 한다.

잔잔한 음악

초라해진다.

1차
2차
그리고 3차

마지막 술잔 털어낸다.

밤 12시
또 다른 하루 시작한다.

술이 나를 위로한다. 나의 하루를 위로해주고, 내 인생을
위로해준다. 하루의 시작과 끝에 술이 있다.

순댓국

새벽 2시
순댓국 먹는다.

새우젓에 김치 얹은
한 숟가락

지금
난 행복하다.

오늘 밤
뭔 일 있었는지

지금
순댓국 냄새가 좋다.

이런저런 사업 문제로 고민하다가 술에 취하여 집 앞까지 겨우 왔다. 갑자기 허기가 진다.

부부인연

난
네가 너무 빠르다.

넌
내가 너무 늦다.

그렇게
서로 부딪친다.

너도 옳고
나도 옳고
우리가 사는 세상살이다.

인연인가
악연인가

다르다. 정말 많이 다르다. 달라서 끌렸을 것이다. 옳고
그름, 맞고 틀림이 아니라 그냥 너무 다른 사람이다. 대
화가 안 되는 이유다.

병신

찾아오는 사람
웃고 울고 할 사람 없다.

있는 거 없는 거
다 주어도

늘 혼자다.

맘 주지 말 걸
돈이라도 챙겨둘 걸

병신

만났던 사람도, 만나는 사람도, 만날 사람도 많지만, 늘
외롭다. 마음을 주면 상처를 받고, 거리를 두면 외롭다.

결혼생활

다른 사람
맞추어 사는 거라는데

아니다.
틀렸다.

같은 사람
어울려 사는 거다.

인생 짧다.
웃고 살기에도 짧다.

사랑하며 살자.

서로 다른 사람끼리 맞추어 사는 것이 결혼생활이란다.
그냥 참고 살라는 말이다. 불행하게 살라는 무책임한 말
이다. 이런 충고 하지 말자. 비슷한 사람끼리 사랑하면서
살기에도 인생은 너무 짧다.

친구

젊었을 땐
내 옆에 많다.

늙었을 땐
내 옆에 없다.

세월,
안타까울 뿐이다.

나를 기억하고 싶다.

아무것도 모르던 어린 시절, 아무 계산도 하지 않던 젊은
시절. 그때 만난 친구들은 다 어디에서 무엇을 하며 살고
있을까? 내 어릴 때 모습을 아는 그 친구들을 다시 만나
고 싶다.

미련

그만,
뒤돌아본다.

시간,
바보 된다.

잘라야 한다.

그만,
앞을 보자.

시간,
다시 안 온다.

살다 보면 '너무 멀리 왔다' 싶어 다시 돌아갈까 고민하
지만 이미 늦은 후회다. 마음을 비우는 게 참 어렵다.

외로운 사람은

외로운 사람은
만나야 한다.

멀리서는 사랑스럽다.

가까이서는 밉다.

외로운 사람들은
멀리서 바라보는 것이 좋다.

아프리카의 어느 두더지는 추위를 견디기 위해 서로의
몸을 맞대지만 몸의 가시가 서로를 찔러 고통을 받는다
고 한다. 그럼에도 그들은 체온을 느끼면서 가시에 찔리
지 않는 적당한 거리를 찾아 서로를 따듯하게 한다고 한
다. 인간에게도 서로를 필요로 하면서 상처주지 않는 적
당한 거리가 필요하다.

부정(父情)

아버지와 자식
인연이다.

이보다
깊은 인연 없다.

그저
생각만 해도
미소가 번진다.

내 아버지는 어린 나를 어찌 보았을까!
아들딸을 바라보는 내 눈빛은 아버지의 눈빛을 가지고
있을까? 모르겠다.

저녁

하루 마감,
이리저리 술친구 찾는다.

없다.

지나가는 사람 본다.
멍하게 외롭다.

술,
간절하다.

취해야
하루 마감이다.

친구가 그리운 건지, 내 얘기를 들어줄 사람이 필요한 건지. 아니면 그냥 술이 나를 부르는 것인지. 퇴근 무렵이면 술집을 찾는 것이 버릇처럼 되었다. 그저 아무 생각 없이 집에 가고 싶어 그럴지도 모르겠다.

추억 여행

새벽하늘 오른다.

바람, 돌, 여자

넘어지고
자빠지고

둘은
서로 바라본다.

추억인지
낭만인지

비가 오면 비를
바람 불면 바람을

손을 잡는다.

어제와 내일
서로의 얼굴에서 본다.

미안함 안고
밤하늘 오른다.

어두운 하늘
내 아방이 그립다.

고1 아들과 제주도 자전거 여행을 간다. 따라나서주고,
함께 있어줘서 고맙다. 오늘 함께한 이 시간이 언젠가 너
에게 인생의 고단함을 잊게 하는 소중한 추억이 될 것이
다. 내 아버지가 그립다.

돈 욕심

춥다.
찬바람 숨 막힌다.

욕심 끝이 없다.

이래저래 받아주니
웃으면서 더 달란다.

사람이 욕심이다.

욕심 사납다.

너 싫다.
인간이 싫다.

이건 아닌데. 이렇게까지 배려하고 살아야 하나? 이렇게
까지 물러서야 하나? 상대의 욕심에 나는 마음이 텅 빈
다. 그 욕심에 내가 휘둘린다. 지친다.

어머니

내 삶이 당신 삶이다.
당신 삶이 내 삶이다.

그렇게 살았다.

당신 볼 때
미어지는 진한 슬픔이다.

늙음이
한겨울 찬바람이다.

잠 못 이루는 밤이다.
당신은 평생 이리 살았을지도

어디부터
실타래를 풀어야 할지 당황스럽다.

어머니 인생을 생각하면, 불쌍한 마음에 가슴이 미어진
다. 남편 없이 50년 넘게 아들 하나 바라보고 살아온 여
자의 일생이다. 늙으신 어머니를 보며, 아들이 위로가 되
지 못한다는 것을 내 나이 오십 넘어 알았다.

2

남자라는 이름으로

친구와 술자리

이 친구
저 친구

오늘도 시작한 소주 한 잔

피곤한 개똥철학들

진지
농담
허무
　　　웃고
　　　울고
　　　　　쓰고
　　　　　달고

오늘 밤도 깊어간다.

무슨 말을 해도 친구의 말에는 고개를 끄덕인다. 친구나
나나 반백 년 살다 보니 인생 뭐 다르겠나 싶다. 친구나
나나 고단하게 살아왔다.

남 탓

사는 것이 힘들다.

그 누구도
그리 살라 안 했다.

내 인생
내가 살았다.

열심히 산다고 잘되지 않는다.
남 탓한다.

자기가 살아놓고는
남 탓하지 말자.

살다 보니 열심히 산다고 잘 사는 게 아니라는 것을 알게
되었다. 있으면 모든 게 내 탓이고, 없으면 남 탓하는 게
우리네 솔직한 모습이다.

술 유혹

해가 지면
소주 찾는다.

그냥

어제도
그랬다.

아마
내일도

그냥
가도 되는데

유혹에
발길이 빠져든다.

어느 시인이 썼다지? "슬픈 날은 술 퍼, 술 푼 날은 슬퍼"
라고. 나는 "그냥 술 퍼!"

하루

오늘
어제와 다른

내일
오늘과 다른

그런
하루 시작된다.

끊임없이 지루하다.

뒤돌아보니
나의 선택이었다.

365일×50년=18,250일을 살았는데도 인생 잘 모르겠다. 살아온 날의 반 이상을 앞으로 살아가야 할 텐데, 어제도 오늘 같고, 내일도 오늘 같다. 일탈을 하고 싶은데 용기가 없다.

어른

어른이다.
어렵다.

나이 많다
어른 아니다.

어른 노릇
당황스럽다.

쉬운 일 아니다.

어른 노릇 뭔지 모른다.

꼰대,
어른 아니다.

나이를 먹으면 당연히 어른이 되는 줄 안다.
그렇지 않다는 것을 새삼스럽게 깨닫는다. 내가 어른이
라는 것이 쉽게 다가오지 않는다.

눈치

일어날 때
알아야 한다.

너무 앞서도
너무 늦어도

알아서
해야 한다.

때론
모른 척 앉는다.

일이
눈치 게임이다.

적당히, 중간쯤, 이익도 별로 없고 손해도 별로 없는 자리에서 그냥 버틴다. 눈에 띄지 않으면서 조용히 먹고사는 방법을 자꾸 궁리하게 된다.

갈등

불편하다.
눈 뜨니 시작된다.

돈 있고
힘 있고
되는 것이 많다.

그렇게 살고 싶었다.

돈으로도
힘으로도
안 되는 것이 있다.

눈 뜨면 보는 사람들이다.

사업에 대한 스트레스보다 식구들과의 갈등이 더 힘들다. 피할 수도 없다. 아버지로, 아들로, 남편으로 조화를 맞추기 어렵다. 갈등이 점점 많아진다.

미안함

그냥
아버지로서

미안하고
미안하고

또
미안하다.

아버지라는
나는

새끼라는
너에게

그렇게
미안하다.

부모가 뭔지 알고 부모가 된 사람들이 있나?
어느 날 부모가 되어 있었다. 그래서 아버지 노릇이 뭔지
몰라서 미안할 뿐이다.

내 인생 살자

인생의 정답
없다.

내 인생,
내가 산다.

내 인생,
네 인생으로
꼬드기지 마라.

그동안 속았으면
됐다.

처음부터 정답을 알았다면 이렇게 어렵게 풀지는 않았겠지? 그렇다고 내 인생이 틀린 답은 아니었다고 믿는다. 나만의 정답을 만들기 위해 애쓴 과정이니까. 그래서 다른 사람이 만든 정답에 억지로 나를 끼워 맞추진 않을 생각이다.

오십 년

오늘도

살아보자 아침
피곤하다 저녁

오십 년이다.

살고자 한 욕망,
바람[風]이었는지도

그런 인생 살았다.

소주 한 잔
오십 년이다.

100세 시대라는데, 고작 50년이 되었으니 나머지 50년은 좀 다를까? 살아낸 것인지 살아진 것인지 때로 의문이 든다. 앞으로 어떻게 살아낼지, 어떻게 살아질지 남은 내 인생이 궁금해진다.

밤 마실

나갔다 오마

집 나왔다.

길음시장
닭발에 소주 한 병

술의 차가움,
가슴 응어리 녹인다.

다시
시작되는 인내의 시간
술이 위로한다.

'이 밤에 뭐하러?' 갑갑한 마음에 집을 나온다.
소주 한 병과 마주 앉아 있을 때 위로가 된다. 이게 오십
년 산 남자들의 평범한 모습일까?

세월

서른
삶의 열정으로 받아들였다.

쉰
늙었다.

스물 넘어
서른 향해가는 자식들

쉰 넘어
예순 향해 가는 나

강산 안 변한다.
내가 늙어간다.

내가 지나온 나이를 살고 있는 내 아이들. 나는 그때 무엇을 꿈꾸고 무엇을 위해 달렸을까? 아이들은 무엇을 꿈꾸고 무엇을 바라보며 달려가고 있을까? 나는 이제 떨어지는 속도에 몸과 마음을 맡길 뿐이다.

피로

어제와 같다.
피곤하다.

아침인데
하루 마감하는 피곤함이다.

이런 하루가 반복이다.

몸이 힘들다.

어제와 같다.
일 많다.

벌떡 일어나지지가 않는다. 몸과 마음이 자주 롤러코스
트를 탄다. 높은 곳에서 떨어진 듯한 피곤함이다.

게으름

편하게 살자.

그냥
대충
입고 먹고 자자.

게을러서 불편하다.

편하게 살자며
불편하게 산다.

어이없다.

밥 먹는 것도, 청소하는 것도 귀찮으니 대충 편하게 살잔
다. 게으른 것은 그냥 게으른 것이다. 편하지 않다.

훈수

어른이
앞에 앉으란다.

폼 잡는다.

살아온 그 인생
살아온 내 인생

그게 그건데
그렇게 살지 말란다.

자기도 웃는다.
나도 웃는다.

똥 폼
역겹다.

나보다 어른이라고 내 인생을 가지고 놀려고 한다. 내가
보기엔 그 인생도 별로 잘난 것 없는데. 나이가 밥 먹여
주는 시대가 끝난 지 언젠데 아직도 '내가 왕년에는' 타
령이다.

일과 남자

남자는
미친 듯 산다.

일에 목숨 건다.

집 버린다.
몸 버린다.

술 취해
하룻밤 보낸다.

미쳤던 놈이
추억이 되고
그리움 된다.

남자는
미친 듯 살 때가 있다.

성공한 사람들은 일에 미쳐본 사람들이다. 모든 것을 버리고 일에 미쳐야 작은 것이라도 잡을 수 있다. 그 열정, 다시 살려야 할 때가 된 듯 싶다. 다시 밑바닥에서 출발한다.

부모와 자식

자식은
늘 이해해줄 수 있다.

못난 것도
내 탓이려니 한다.

부모는
늘 이해할 수 없다.

내 가는 길
늘 잔소리 할 뿐이다.

'자식 이기는 부모 없다'는 말, 나이 들수록 맞아 떨어진다. 부모한텐 늘 이기고, 자식한텐 늘 진다. 자식은 끝까지 자식으로만 사는가 보다.

공짜

내 돈 아까우니
네 돈 쓰자.

내 돈 말고
네 돈 쓰자.

난 공짜가 좋다.

넌 바보
난 똑똑

넌,
아웃이다.

내가 지갑을 여는 것을 당연하게 생각한다. 세상에 당연한 것이 없는 듯한데, 어떤 사람들은 당연하게 생각한다. 지갑에 돈 들어오기 어렵기 때문에, 돈 쓸 때는 다 아까운 것이다.

마음 비우기

어울려 살라 한다.

소망이
화를 잉태한다.

바라지도 말고
기대하지도 말고

마음 비우고 살자.

그래야
내가 산다.

무언가를 바랐다. 잘못된 생각이었다. 상처받지 않으려
고 마음을 비우는 게 아니라 나 살려고 마음을 비운다.

거짓말

불편하다.

뭔가
불편하다.

웃음 속
숨겨진 말은 무엇인지

흔들리는 네 눈빛
불편하다.

솔직하지 않다.

뭘
숨기고 있는 것인지….

▶

오래 보고 오래 만났어도 모르는 게 사람 마음. 장막을
두텁게 친 마음을 읽을 길이 없다. 거짓말을 하고 있으니
늘 엇박자만 반복된다. 의사결정을 해야 하는데 너무 어
렵다.

술 취한 아침

세수 안 하고
집을 나왔다.

사우나 간다.

기억이 가물가물
텅텅 빈 속 술이 춤춘다.

내 속을
소주가 잘 안다.

소주가
나인 듯하다.

집 없다.

늦은 술자리로 한밤중에 집에 오고, 새벽녘에 집을 나온
다. 잠을 편하게 잘 수 있는 곳으로 출근한다. 어제 왜 그
리 마셨는지 기억도 없다.

집

집
잠을 잔다.

늦은 밤
겨우 집에 와서
쓰러지듯 잔다.

아침
눈 뜨면

집을 나온다.

무한반복
죽을 때까지.

이게 사는 건가? 다른 사람들도 이렇게 사나? 약간의 따뜻함, 약간의 위로, 약간의 즐거움을 원하는 것도 과욕일까?

잘난 척

네가 웃긴다.

잘났다고 떠든다.

내가 웃긴다.

잘났다고 떠든다.

한순간 물거품이다.

별거 아닌데, 뭐 그리 나대는지. 그저 고개를 끄덕이며 들어주지만, 어느 순간 나도 그런 적은 없는지 조용히 반성한다.

남자 여자

남자
여자

다르다.

존중해야 한다.

남자
여자

다르지 않다.

억울해서 싸운다.

▶

평등하게, 공평하게, 역할에 충실하게, 당연히 그래야지!
그런데 왜 남자한테만 양보하래? 요즘 남자로 살기 쉽지
않다.

외로운 남자

남자도
사랑받고 싶다

여자만이
줄 수 있는
뭔가를 받고 싶다.

많이
바라지도 않는다.

내가
살아있음을 알게 해주면 된다.

남자는 쩨쩨하면 안 된다. 그러나 남자도 사랑받고 싶을 때가 있다. 주기만 하고, 받을 수 없는 그런 것이 당연한 것이 아니다. 열 개를 주고 열 개를 받을 생각 없다. 열 개를 주고 세 개 정도 받겠다는 것이 욕심인가?

아버지

줄 수 있어 좋다.

늘
달라는
내 새끼들이 좋다.

아버지라는 이름으로
너에게 줄 수 있어 좋다.

줄 수 있을 때 맘껏 주고 싶다. 넘치게는 못해도 부족하
지는 않게 채워주고 싶다. 나보다는 더 잘 살게 해주고
싶을 뿐이다.

가면

겉,
웃는다.

속,
음흉하다.

앞,
자상하다.

뒤,
절규한다.

사람이다.

난,
사람이다.

가면을 쓰고 산다. 원치 않는 표정으로 나를 숨긴다.
가면을 확 벗어던지고 만나는 사람이 몇 안 된다.
나나 너나 다들 가면 속에 살고 있다.

부부인연

넌
운명이었다.

살아봐야 안다.

내 삶에
웃음인지 눈물인지

사람은
운명에 따라 산다.

좋은지
나쁜지

살아봐야 안다.

이 사람이 이렇게 나를 힘들게 할 줄 알았으면 안 만났
지! 모르고 만나니 시행착오다. 어떤 사람을 만나는가에
따라 희로애락이 파도 친다.

인생극장

구구절절
연극 대본이다.

어디서
어디로 가는지

미끼 입에 물고
희롱당하는 물고기다

말을 할 수 없다.

내 인생이
드라마고 연속극이다.

모든 사람의 인생이 소설보다 더 극적이라지만, 내 인생
소설을 가장 극적으로 만들고 있는 건 바로 나 자신이구
나 싶다.

휴가

좀
쉬자.

뭐 그리
급했나 싶다.

인생
짧은 것도 아닌데

쉬었다 가자.

이리가나 저리가나
한 인생인데

오늘
하루 좀 쉬자.

바닥에서 다시 시작하느라 2년 동안 정신없이 일했다.
이러다 죽지 싶었다. 목숨 걸고 일한다는 것이 이런 건가
싶다. 내가 나한테 보상을 주고 싶은데 겨우 줄 수 있는
것이 서울을 잠시 떠나는 것이다.

다툼

네가 사는 것이
네 인생

내가 사는 것이
내 인생

사랑의 탈을 쓴 이기심이

너와
나를
피곤하게 한다.

지친 하루가 지겹다.

전생에 원수여서 이 생에서 인연이 되었다지만, 이 인연
지속하기가 이리 힘들 줄이야. 웬만하면 서로 지칠 때도
됐건만 아직 다툴 힘이 남아 있는 걸 보면, 참 질긴 인연
이다.

어묵

어묵 한 꼬치
아침이다.

두 꼬치
속 쓰린 날이다.

너나
나나

슬픈 아침인데
웃는다.

포기하면 된다.

오늘은
국물이 맛나다.

지하철역 앞 어묵 포장마차에 출근길 남자들이 어묵 하나 입에 물고 종이컵에 국물을 들이킨다. 지난밤의 숙취를 달래는지, 아침 빈속을 달래는지. 동지들이 많아 외롭지 않다.

사업

밀리면, 안 돼
버티자.

뒤로 물러나고 싶다.

숨이
헉헉

하나
둘

버텨야 한다.

기회는 살아남아야 온다.

망하느니 죽는다.

사업을 하다 보면 선택을 할 때가 있다. 그것이 끝없이
온다. 마지막은 폐업이다. 안 된다. 어떻게 왔는데….
버텨야 한다. 못 버티면 낭떠러지다.

남자의 지갑

남자
돈 없으면
끝이다.

이놈
저놈
무시하면 안 본다.

생(生)을
함께하는 사람
안 볼 수 없다.

남자
지갑이 두둑해야 한다.

뺏기면 안 된다.

돈이 없으면 가장 먼저 가족에게 무시당한다. 겉으로도
속으로도 무시당한다. 남은 오죽하겠냐? 버는 일, 지키는
일, 쉽지 않다!

남자 팔자

남자는

지독한 육체적 고달픔,
고독한 정신적 외로움,

중독된 하루를 사는 팔자다.

집안에 나 홀로 섬처럼 떠 있는 것 같을 때가 있다. 남자를 규정하는 내 생각은 종종 무겁고 어둡다. 쉽게 살지 않아서 쉽게 정의되지 않는다.

부부

남자는
존경 때문에
산다.

존경받기 위해
인생을 건다.

여자는
사랑 때문에
산다.

사랑받기 위해
인생을 건다.

거짓된
존경과 사랑에 지친다.

사랑받고 싶은 남자도 있고, 존경받고 싶은 여자도 있겠지? 문제는 존경도 사랑도 주지도 받지도 못하면서 함께 살고 있다는 것이다.

돈 꿔줘

돈 좀 달란다.

나 힘들 때
돈거래 하는 게 아니라더니

친구라는 이름으로
돈 좀 달란다.

돈 없다.

친구도 아니란다.

사람 입장이란 게 이렇게 무섭고 잔인하다. 그때 내 마음
아주 가볍게 나 몰라라 하더니, 이젠 나를 원망한다. 인
생지사 새옹지마다.

거짓 사랑

이웃 사랑하자

사랑에
가족은 없다.

교회 간다.

거룩한 척
자상한 척
인자한 척

지금껏
그렇게 살아왔다.

'수신제가치국평천하'까지 거창하게 말해서 무엇하랴!
나이 먹으면 종교에 귀의하는 것이 일반적인데, 나는 반
대로 점점 회의감이 온다. 40여 년 된 교회생활에 지쳐가
고 있다. 입으로만 말로만 떠드는 종교인들 모습에 지친
다. 너무 거짓된 인생들이다.

짓거리

인정받고 싶으면
인정받을 짓거리

사랑받고 싶으면
사랑받을 짓거리

성공하고 싶으면
성공하는 짓거리

하면 된다.

안 하고
받고 싶은 게 문제다.

팔짱 끼고 아무것도 안 하면서 원하는 게 많다.
남이 먼저 해주길 원하는 것은 도둑 심보와 뭐가 다른가?

배신

좋은 말 하고
나쁜 놈 되고

배려하고
칼날에 서고

화살이 나에게 온다.

말이
많다.

사람이,
사람이 아닌가 보다.

인연
끊자.

▷

안타깝다. 배려해주었더니 더 배려해달란다.
배려 안 했더니 배신이란다.
이해하고 배려한 내가 잘못된 것이었다. 냉정해야 편해
진다.

3

아버지라는 이름으로

아버지 제삿날

여섯 살
한 점 기억도 없다.

그리운 것도
보고픈 것도

난
아버지가 되었다.

내 아이들
내 아버지 모른다.

이름뿐인 아버지
소주 한 잔이 쓰다.

선술집
제삿밥도 못 얻어먹는
내 아버지 추모하며
술 먹는다.

오늘은

내 아버지
제삿날이다.

슬픔이다.

6살 때 돌아가신 아버지, 기억에도 없는 아버지를 기억
하는 유일한 하루. 그조차 마음 편히 지내지 못한다. 나
에겐 아픔이지만 타인에겐 의미 없는 하루이다. 제삿밥
도 못 올리는 내 맘에 슬픔만이 있다. 기억에도 없는 아
버지지만 늘 그립고 그립다.

질투

살면서
변하는 것 당연하지.

늙을수록
옛 생각은 버려야지.

변해야 사는 거지.

살아나니
변했다고 하지.

잘 되니
약 오르지.

질투지.

내가 변했다고 한다. 사람이 변하면 안 된다고 한다. 변하지 않았으면 지금 밑바닥에서 헤매고 있을 것이다. 변했기 때문에 지금 성공한 모습의 내가 있는 것이다. 질투일 뿐이다.

욕심

말 많다.

더 준다.
더 망가진다.

조용히 살고 싶은데
말 많다.

발목 잡지 마라
네 인생만 고달프다.

줄 것 없다.

남의 그릇을 탐낸다. 자기 그릇을 채워 달란다. 채워주고
나니 더 달란다. 더 안 주니 나쁜 놈이란다. 그 욕심이 화
(禍)다.

아침밥

이른 새벽
인기척 없이 집 나온다.

무교동 북엇국
청진동 해장국
충무로 백반집

돌고 돌아
아침 먹는다.

유난히
속 쓰리다.

오늘 아침
북엇국이다.

이런저런 핑계로 밥을 안 먹는다. 애정 담은 집밥을 그리
워하며 시내 곳곳에서 집밥처럼 먹는다.

식구

밥 언제 먹었지?

바쁘다.
귀찮다.
편하다.

그렇게
대충대충 산다.

좋은 일
슬픈 일
밥 먹는 것은 행사이다.

식구(食口) 퇴색해진다.

같은 집에 살아도 식구가 되기 힘들다. 밥 한 번 먹자고
시간 한 번 잡기도 이리 어렵다. 포기하고 살아야 한다.

대화

말하면
잔소리

말 안 하면
무관심

생각 없다.

애나
어른이나

듣기 좋은 소리
해 달란다.

인생
외롭게 살려고 한다.

입을 벌려도 다물어도 가장(家長)에겐 늘 불만이 돌아온
다. 어쩌라고? 가장으로, 아버지로 할 수 있는 말도 가리
고 걸러야 하는 세상이다. 헛웃음이 나온다.

일요일 아침

다들,
아침잠 여유다.

조용히 일어나
라면 끓인다.

편의점에서 사온
무말랭이와 소시지

한 젓가락 한다.

일요일 아침
고요하다.

일요일은 아침이라도 함께 먹으면 좋으련만. 라면 끓이는 소리나 냄새에도 아무도 나와 보지 않는다. 한 집에서도 혼밥 하는 세상이다.

아는 척

논다.
일하는 것이다.

일한다.
노는 것이다.

말이 많다.

모르면서 아는 척

피곤하다.

보이는 것이 전부가 아니라고 한다. 이해하려고 하면 다
보이고 이해할 수 있는데, 이해할 생각조차 안 하면 아무
것도 볼 수 없고 알 수 없다. 사정도 모르면서 이래라저
래라 간섭한다.

암 검사

나이 먹어도
주사 바늘 싫다.

아무도 모르게
낯선 병원 피를 뽑는다.

어떤 결과도
가벼운 마음 받아들인다.

앞으로
몇 번씩 겪어야 할 듯

암 아니란다.

집안 내력이 있어, 암이 아닐까 겁난 마음으로 몰래 검사를 받았다. 마음 준비를 했는데도 두려움이 왔다. 결과가 나쁘지 않으니 가족에게 알리지 않아도 된다. 앞으로 이런 일 점점 더 많아질 것이다.

무시

말 하자니,
말 말자니

그 어떤 것도
안된다는 것을 안다.

그저
맘 비우고 살 뿐이다.

무시가 생활(生活)이다.

묵언(默言)은 스님들이나 하는 줄 알았는데, 점점 말이 없어지고 있다. 존중은커녕 무시가 일상이 되고 보니 말을 안 하고 사는 것이 편할 때가 있다.

포기

정말
안 맞는다.

한계가 있다.

내 속을 네 속을

서로
알았다 할 뿐이다.

있는 그대로
이해하고 인정하니

너와 나의 삶을
포기할 뿐이다.

편해진다.

안 맞는데 맞추려고 서로 애쓰는 척하다가 상처투성이가
됐다. 우리 삶이 안타깝다. 포기하면 화날 일이 없다.

자취

이른 새벽
눈 뜨고 일어난다.

엉거주춤
햇반 그리고 계란 프라이

집을 나선다.

늙은 나이에
자취한다.

아파트 단지가 새롭다.

혼자 아침을 챙긴다. 어차피 혼자 살아내는 인생이라 위
로해본다. 함께 있어도 집안에서 먹는 밥이 혼밥이라니,
자취 별거 아니다.

남 의식 NO

사랑하자.

나를
사랑하자.

너의 시선
나를 맡기지 말고

너의 호흡
나의 길을 정하지 말고

나를
사랑하자.

너는 나와
다르다.

남을 너무 의식할 필요 없다. 남의 시선에 나를 맡기고 우물쭈물 하다가 기회를 놓치면 남들은 좋아하지만 나는 후회한다. 그렇게 살 필요가 없다.

도전

겁이
온몸 휘감는다.

갈까
말까

한 번 사는 인생
넘어지고 자빠지고,

그리고
또

포기하면
가야 할 길 없다.

가보자.

앞길이 선명하게 보였던 적은 단 한 번도 없었다. 짙은
안개 속이기도, 컴컴한 어둠 속이기도, 장대비가 쏟아지
는 길이기도, 겁 없이 앞으로 나아갈 때 비로소 무엇인가
희미하게 보이곤 했다.

눈칫밥

아침밥
눈칫밥이다.

맘 불편하다.
혼밥 편하다.

차려준 밥상이
낯설다.

익숙하게 낯설다.

고맙고 감사할 줄 알았는데, 오랜만에 받고 보니 어색하기만 하다. 돌이켜 보니 예전에도 늘 불편했다. 왜 차려준 밥상이 늘 불편했을까?

인생

살면서
혼자가 편해진다.

같이 가는 길
더 외롭다.

외로운 길
살면서 알았다.

잠시
착각 속에 살았다.

혼자이니,
혼자가 편해진다.

삶은 혼자 왔다, 혼자 치열하게 살다가, 혼자 죽어가는
것이라는데, 이제 당황스럽지 않다. 늙어가는 것이다.

선택

하고 싶지 않으면
하지 마.

하고 싶으면
해.

네 인생
네가 선택하는 것이다.

다들 하고 싶은 일을 하면서 살고 싶지만 그런 사람 별로
없다. 그럼에도 그렇게 살고 싶다면, 실패해도 후회하기
없기.

돈

돈
버는 사람

몇 놈 없다.

아침부터 밤까지

이곳저곳
허겁지겁

그렇게 살건만
몇 놈 없다.

그놈 되고자
오늘 산다.

저절로 찾아오지는 않는 게 돈인 듯하다. 기를 쓰고 달려
들어도 될동말동하다.

4호선

전철 기다린다.
길음역

땅속에서
하루 시작한다.

사람도 많다.
다들 나와 같은 맘일 듯

밥은 먹고 다니니?

늘 같은 시각
4호선 기다린다.

같은 시간 같은 장소에서 마주치는 사람 얼굴 속에 내가
비친다. 삶의 무게와 고단함 속에 보이는 작은 희망! 혼
자가 아니라 다행이다.

외식

외식이다.

사 먹는 밥
특별한 것도 없다.

하루 세 번
꼬박
꼬박
꼬박

주말
외식하잔다.

집밥 먹기 힘들다.

사 먹는 밥이 일상인데 외식이 무슨 의미인지 헷갈린다.
집밥 먹고 싶은 건 과한 욕심인 듯싶다. 게으름 탓이다.

열심히 살자

우리,
살아 있다.

빨리 가든
늦게 가든

우리,
죽음 온다.

살려고
몸부림쳐야 한다.

그게 쉽지 않다.

때론 모든 것을 놓아버리고 싶을 때가 있다. 그러면 모든 것이 무(無)로 갈 것이기 때문이다. 어차피 무로 가는 것이라면 반대로 유(有)를 선택하는 것이 좋을 듯하다. 근데 너무 힘들다.

불통(不通)

본다.
보고 싶은 것

듣는다.
듣고 싶은 것

말한다.
말하고 싶은 것

보고
듣고
말한다.

세상은 나를 중심으로
돌아가지 않는다.

세상이 나를 중심으로 돌지 않듯이, 너를 중심으로 돌지
도 않는다. 그래서 대화를 하고자 하는 것인데, 어렵다.

사기꾼

돈 받았으면
밥값 해

세 치 혀가 일한다.

모르면 겸손해야 하는데

그럴싸해서
진짜인 줄 알았다.

사기꾼
옆에 있었다.

속았다.

옆에서 보는 사람한테는 보이는데 정작 본인은 모른다.
게으름도 많고 요령도 부리고 핑계도 참 많다. 그러고도
대접받는 걸 원한다. 거울 앞으로 데려가고 싶다.

새벽잠

새벽
눈을 뜬다.

늙어간다.

새벽 공기
무료함이 밀려온다.

고독감으로
하루를 시작한다.

마당이 없다.

아침잠이 확 줄어든 순간, 서러움이 몰려왔다. 부지런함의 상징이 아니라 늙어감의 상징임을 알았기에.

미련

아님,
과감히 끊어야 한다.

미련,
힘들게 한다.

사람,
쉽게 판단한다.

지금,
살아온 내가 한심하다.

버려야 한다.

사람을 쉽게 믿는 경향이 있다. 진심일 것이라고 생각한다. 사람을 알아보는 데 시간이 오래 걸린다. 설마 하는 마음이 늘 있다. 끊어야 할 사람이 생각보다 많다.

벌초

아버지
형제들이 모였다.

온 순서대로
가는 것도 복이다.

살아있는 자(者)로
죽어있는 자(者)로
만나는 시간이다.

삶과 죽음,
잡초가 구분한다.

아버지 칠 형제 중, 세 분이 망자(亡者)가 되었다. 떠난 사람이 남아 있는 사람들을 불러 모은다. 1년에 겨우 한두 번이다. 또 누군가는 저 멀리 떠나겠지. 우린 이렇게 잡초 제거하러 또 모일 테고.

잠

잠
자고 싶다.

비몽사몽이다.

식은땀
온몸 적신다.

하루가 피곤하다.

왜? 싶다.

잠
한 번
개운하게 자고 싶다.

일[事業]에 대한 스트레스로 잠을 푹 자본 것이 언제인지
싶다. 마음이 고단할 때는 잠조차 고단하다. 잠이 보약이
라는데. 병이 나려나.

별거

사는 거
별거 아니다.

죽는 거
별거 아니다.

이런 인생
저런 인생
그런 인생

별거다.

별거 인생
별거다워야 한다.

죽음이 무섭지는 않다. 사는 것에 큰 미련 없다. 그냥 살아가는 인생을 재미나게 살고 싶을 뿐이다. 앞날을 모르니 두려워할 뿐, 살아보면 다 그냥 그런 거다.

독설

드디어,
희미한 기억들이
화살 된다.

그렇게 늙어간다.

그래서
어쩔 건데

너도
나도
할 말 없다.

누가 죽나 가보자.

돌아서면 아쉬움, 돌아서면 미련이 남는 게 사람과의 인연이다. 서로의 마음을 위로해준 적이 있었는지 가물가물하다. 상처 주기 바쁘다.

행복

"너 지금 행복해?"
"아니!"

단순하다.

아니면,
버려야 한다.

이것도
저것도

다 잡을 수 없다.

버리는 것이
행복이다.

행복하려고 열심히 살았는데 행복하지 않다면 뭔가 돌아
봐야 한다. 선택과 포기를 잘하는 것이 행복의 시작이다.
너 행복하자고 내가 불행하기를 바라지 마라.

유혹

꼬드기는 말
달콤하다.

유혹하는 말
감성에 젖는다.

허우적거린다.

알면서 속는다.
알면서 즐긴다.

알면서도 빠진다. 달콤한 말로 나를 유혹한다. 알면서도
또 속는다.

일요일 오후

이리 뒹굴
저리 뒹굴

소파와 한 몸이다.
늘어진다.

세상,
이 손에 있다.

오랜만에
벌거벗은 영혼이다.

나 혼자 남겨진 오후. 아무것도 하지 않아도 되고, 아무
눈치도 보지 않아도 되는 시간. 대부분 무늬만 가장들이
이렇게 살고 있을 것이다.

식도락(食道樂)

배
고프면 먹어야 한다.

다
살자고 하는 짓인데

내
하루가 시작한다.

밥
먹는 것이 낙(樂)이다.

나이 드니 밥에 민감하다. 끼니 때를 놓치지 않으려고 안
간힘을 쓴다. 나이 드니 진짜 밥심으로 산다.

성공

"인생 뭐 있어?"
그렇게 시작한 일이다.

힘들고
지치고

고생, 고생, 개고생,

그래도
이리 되니 좋다.

"인생 뭐 있다."

'이게 바닥인가?' 생각하면서 시작했고, 너무 힘들었다.
바닥에서 벗어나는 것 같아 좋아 웃는다. 다행이다. 내
인생도 웃을 차례다. 성공이 눈앞에 왔다.

길

간다.

길
막히지만
그러려니 한다.

답답한들
뾰족한 수 없다.

뚫리면 가고
막히면 선다.

간다.

그렇게
산다.

처음부터 뻥뻥 뚫려 있는 길, 거의 없다. 가다 서다를 반
복한다. '징그럽게 서 있구나' 하고 나면 마침내 뻥 뚫릴
때도 온다. 길이나 인생이나….

조언

내
살아온 것이

너
만나기 위함인 듯싶다.

늙은 애비
한마디 한다.

너의 인생을 살아라.
너의 인생을 즐겨라.

너희가 없으면 나 어쩔 뻔했나 싶다. 너희가 있어 힘들어
도 견뎠고 더 힘낼 수 있었다. 내 자식들이어서 정말 고
맙다.

아들에게

넌
나의 아들

난
너의 아버지

그렇게
만났다.

힘들면
아비에게 와라.

살만하면
아비를 떠나라.

자식에게만은 든든한 버팀목이 되고 싶다. 탄탄한 디딤
돌도 되어주고 싶다. 비바람도 막아주고 따뜻한 햇볕도
되어주고 싶다. 효도하려고 하지 마라. 애비처럼 힘들게
살지 않았으면 좋겠다.

어머니

수술 마치고 첫마디

"밥 먹었니? 밥 먹고 와라.
사람은 밥을 잘 먹고 다녀야 한다."

그게
어머니다.

그깟 밥이 뭐라고! 당신 몸은 고통스러워도 자식 밥 챙기신다. 밥 먹으라는 말에 얼마나 많은 사랑이 들어 있는지, 아직 다 헤아리지 못한다.

슬픈 가장(家長)

그놈
이놈
저놈

다 불쌍하다.

병신들
불쌍한 놈들 천지다.

그렇게
살아오느라
고생들 했다.

오늘도
집에 안 들어가고
빙빙 돈다.

▶

젊을 땐 친구 앞에서 자랑질로 밤새는 줄 몰랐는데, 체면다 버린 나이 되니 신세 한탄이 넘친다. 다들 힘들게 여기까지 왔구나. 어쩌겠냐! 우리끼리라도 위로하며 사는 수밖에.

소낙비

비가 내린다.

내 안에
비 좋아하는 내가 있다.

소나기에
발가벗는다.

나의 몸에
비를 적신다.

젖은 하늘에
나를 던진다.

눈물인지
빗물인지

비가 내린다.

늦은 밤에 비가 온다. 비를 맞았다. 한밤에 눈물이 난다.
마음의 찌꺼기도 씻겨나가는 느낌이다.

부부싸움

내 책임도
네 책임도

탓하지 마라.

넌 너대로
난 나대로

누굴 탓하랴.

다른 사람이니까, 다르게 살았으니까 당연히 다른 것을.
조금 더 일찍 인정하고 조금 더 일찍 깨달았으면 좋았을
것이다. 나는 성인(聖人) 아니다. 그런데 어찌 모든 것이 내
탓만 되는 것인지 모르겠다.

사랑

사랑은 없다.

그립고
느끼고

감정의 유희다.

나이가 들어 메말라버린 건지, 현실 때문에 외면하게 된
건지. 사랑이란 것의 실체는 없다는 것을 점점 느낀다.
감정놀음을 사랑이라고 착각하고 사는 것일 수도 있다.
지나고 보니 다 거짓이었던 것 같다.

영화 속 인생

영화가 인생이다.

사랑
슬픔
웃음

인생 수업
영화에서 한다.

"세상 어디에 있어도 슬픈 사람은 슬프고 외로운
사람은 외롭다."

주인공은 나다.

우리네 삶이 영화와 닮은 게 아니라 영화가 우리네 삶을
반영한 거겠지. 생활에서는 별거 아닌 것들이 영화에선
참 그럴싸하게 다가온다. 우리네 삶도 각자 그럴싸한 건
아닐까?

돈

돈,
많으면 좋겠지.

돈,
날 잡아먹겠지.

나는
죽어가겠지.

돈,
버려야 하겠지.

늦었지.

돈을 벌려고 산다. 돈이 살아가는 목적이 되어버렸다. 돈을 벌면 나는 지쳐 있을 것이다. 내가 사는 것이 돈 때문에 사는 것이 아니라는 것을 알았다.

잊어버린 사랑

사랑 좋다.

싫어할 사람 있나.

그런데

잊었다.

뭐가 좋은 것인지.
까먹었다.

그렇게.
되어버렸다.

어쩌다 보니 잊은 건지, 애써 잊고 살았는지. 어떤 게 사
랑인지 어떤 게 사랑이 아닌지. 자꾸 잊고 산다.

어릴 적 상처

불안하다.

버림받을 수 있음에
쫓기듯 살았다.

어린 시절
각인된 상처 발목 잡는다.

아직,
어른 아닌가 보다.

불안한 마음 숨기고
쫓기듯 산다.

정신병이다.

이상하게 잊고 있었던 어린 시절의 기억들이 불현듯 떠
오르고 갑자기 다가올 때가 많아진다. 마음속 깊숙이 숨
기고 살았던 감정들이 고개를 불쑥 들기도 한다. 잊을 수
가 없다.

사랑을 아나

사랑이 있나

사랑해 봤나

사랑을 아나

얼마나?

사랑이 그리운 건지, 사랑할 사람이 필요한 건지. 바쁘게 살 땐 생각조차 못하던 감정을 다시 꺼내보고 싶어진다. 희미하고 뿌연 감정이 다시 선명해지는 시간이 그리워진다. 사랑은 없는 듯하다.

사랑

하고 싶다.

사랑하고 싶다.
사랑받고 싶다

미친 듯이
미친 듯이

아무도 없다.

사랑을 할 사람이 없다는 것을 안다. 사랑을 줄 사람도 없고, 나에게 줄 사람도 없다는 것을 알았을 때, 사랑에 대한 기억은 사라진다. 사랑은 어떻게 하는 것이지?

자랑질

자랑질
자식 자랑이 최고

그런 듯싶다.

아무것도 아닌데
자랑이 하늘 찌른다.

나보다
더 멋진 삶을 살기 바랄 뿐

눈에 넣어도 안 아프다, 밥 안 먹어도 배 안 고프다, 이런
말들 다 거짓말인 줄 알았다. 자식이 있어 부모가 사는
거니 자랑질할 만하다.

가짜

가짜
진짜 준다.

진짜
가짜 준다.

진짜 진짜다.

진짜
내 속에 있다.

마음을 숨긴다. 속내를 숨긴다. 가짜로 다가오는데 진짜
인 줄 착각한다. 잠시라도 진짜와 진짜로 만나고 싶다.
그런데 나만 진짜인 걸 알았을 때 분노가 가슴에 치밀어
온다. 살아온 세월이 후회스럽다.

웃자

웃자.

웃어야 한다.

내가 울어도
같이 울어줄 사람 없다.

웃는 날보다
우는 날이 더 많다.

그래도
웃어야 한다.

징징대는 사람들이 의외로 많다. 힘들고 지치고 더럽고
치사하고…. 수많은 이유로 징징댄다. 자기만 그런 줄 안
다. 나도 징징대고 싶은 것을 참을 뿐이다.

이혼

웃고
울고

그렇게
살아왔다.

웃었던 날보다
울었던 날이 더 많다.

하루가
천년이라면

남은 시간
온전한 하루로 살고 싶다.

항암치료를 마치고 바로 이혼을 했다. 앞으로 나에게 주
어진 시간이 얼마인가? 남은 시간만큼은 서로에게 상처
를 주지도, 받지도 말자. 하루라도 편하게 살자.

죽음

억지로 되는 것 없다.

물
위에서 아래로 흐른다.

인생도 흐른다.
되돌아갈 수 없다.

자연스럽게
만나고 헤어지고

죽음이 다가오고 있다.

흐르는 대로 사는 게 마음이 편하다는 진리를 이제야 깨
닫는다. 다시 거꾸로 가고 싶지만, 이대로 흐르는 대로
살자니 가슴이 슬픔으로 가득찬다.

백세시대

백세시대

오늘 살아있음에
감격이다.

딸, 아들
볼 수 있다는 것이 감사하다.

보고 싶다.
저들이 나이 먹어가는 모습을

보고 싶다.
눈물이 난다.

투병생활을 하면서 아이들을 보면 눈물이 나고 목이 멘다. 그 누구도 미련이 없는데 딸과 아들만 내 가슴에 남는다. 오래 살아야 한다.

사랑받고 싶은

사랑
받고 싶은 남자

사랑
하고 싶은 남자

시계 앞으로 돌린다.

과거
현재
미래

사랑을 기다린다.

사랑을 기다리며 평생을 살아왔나 보다. 시간을 거꾸로
돌리고 싶지 않다. 이제 세상을 사랑할 수 있을 것 같다.